QUESTION DES ÉCHÉANCES

UNE SOLUTION

PAR

Emile MONGRUEL

PROJET DE LOI

PRIX : **60** CENTIMES

VERSAILLES

CHEZ TOUS LES LIBRAIRES.

1871

LA QUESTION DES ÉCHÉANCES

UNE SOLUTION

I

La *question des échéances* est née des retards successifs apportés aux échéances pendant la guerre contre la Prusse.

La guerre civile obligera, sans doute à de nouveaux délais,

Mais cette nécessité, loin de résoudre la question des échéances, ne fera que l'aggraver encore.

Pourtant, il faut aviser, car la crise commerciale n'est pas étrangère à la crise politique. — Beaucoup de bons esprits, étrangers aux questions économiques, n'apprendraient pas sans surprise la part considérable de responsabilité qui revient à la *Loi-Dufaure* dans l'insurction de Paris.

Décréter en effet, comme l'a fait la *Loi-Dufaure*, qu'à partir de telle date, les choses reprendraient leur cours normal, et les paiements leur régularité habituelle, — c'était passer les yeux fermés à côté du mal.

Une telle prescription créait pour le plus grand nombre des négociants Parisiens, une impossibilité.

Le commerce de Paris s'est trouvé, dès lors, placé entre *l'état légal*

Aujourd'hui 13 avril, au moment de donner le *bon à tirer* de ce travail, on me remet un numéro de *Paris-Journal* portant la date de demain, où je lis une note de M. Ch. Beslay, sur le même sujet.

Lorsqu'une idée répond à une nécessité urgente, il est naturel qu'elle surgisse de divers côtés à la fois.

On remarquera, d'ailleurs, des différences essentielles entre le projet indiqué sommairement par M. Ch. Beslay et l'ensemble du système exposé d'autre part, — système que j'ai eu l'occasion de communiquer il y a six semaines à plusieurs députés à Bordeaux.

E. M.

qui entraînait, pour beaucoup, la faillite, c'est-à-dire la ruine et la honte, — et *l'insurrection*, qui assurait la prolongation de l'état militaire, c'est-à-dire un nouveau sursis.

Le Gouvernement en promulguant la *Loi-Dufaure* semblait avoir dit son dernier mot, et ce mot était une menace à courte échéance ; — la Commune au contraire, promettait des solutions nouvelles, encore inconnues, encore nuageuses, il est vrai, mais qui, semblait-il, ne pouvaient être pires que celle du Gouvernement.

Voilà comment la classe la plus pacifique, la plus conservatrice, — le commerce, — a fait, dans une certaine mesure, alliance avec les émeutiers de la Commune.

Tout cela eut été sûrement prévu si les lois de commerce n'étaient habituellement faites en France par des hommes étrangers au commerce, — étrangers surtout aux exigences, aux susceptibilités qui constituent son honorabilité même.

II

Pendant que le canon parle, pendant que l'armée française défend héroïquement la loi violée et l'unité de la patrie menacée, il est de devoir rigoureux pour les penseurs, de préparer des solutions pacifiques.

Car l'argument de la force est en France une mauvaise raison, une détestable base à donner à la paix publique.

Et pour que le pays ne reste pas divisé entre vainqueurs et vaincus, il faut que toute revendication juste obtienne une satisfaction équitable.

La question des échéances, dont on n'a pas semblé soupçonner l'importance, est une des plus graves de la situation présente ; elle est d'autant plus urgente qu'elle intéresse surtout les hommes les plus honorables.

Examinons donc ce qu'on appelle *la question des échéances*.

III

Le mouvement d'affaires de toute maison de commerce sérieuse, repose sur deux bases principales :

1° *Un capital fixe* ;

2º *Un capital mobile*, vulgairement appelé *fond de roulement*.

Le capital fixe, représenté par la valeur du fond, la clientèle, le matériel, le mobilier industriel, le stock des marchandises, n'a pas été compromis, en général, par la guerre que nous venons de traverser.

Les pays occupés par l'ennemi, font seuls exception à cette règle, mais — outre que deux provinces dans ce cas, ont cessé de recevoir la loi française, — les indemnités de guerre, qui seront légitimement dues aux autres pays occupés, reconstitueront presque intégralement ce capital, sans qu'il soit besoin pour cela de tenir compte de cette exception dans une *loi sur les échéances*.

Le capital mobile, ou fond de roulement, a été gravement attéint par la guerre. Ce capital se compose, — à l'actif, des créances à recouvrer, résultant de ventes à termes, et de l'encaisse monétaire ; — au passif, ce capital comprend les traites à payer, résultant d'achats à terme et les charges quotidiennes d'exploitation qui doivent être acquittées en espèces.

Le préjudice le plus considérable qu'ait éprouvé ce capital mobile provient, non du fait des Prussiens, mais de la loi de finance défendue par M. Clément Duvernois, dernier ministre du commerce, sous l'Empire.

Cette loi, en effet, au lieu de *retarder l'échéance* des valeurs en circulation, — ce qui eut été une mesure conservatrice, applicable à tous, équitable pour tous, — a seulement *retardé l'effet des poursuites*, — ce qui obligeait toutes les maisons honorables à faire les derniers sacrifices pour éviter de laisser leur signature en souffrance, — alors que les négociants qui ne se piquaient pas de ces sortes de scrupules, laissaient retourner leurs traites impayées.

Sans insister davantage sur cette loi désastreuse, dernier souvenir d'un ministre incompétent et dont l'analyse mériterait de plus grands développements, — arrivons aux conséquences directes de la guerre sur le crédit commercial.

Nous venons de voir qu'au début de la campagne toutes les maisons sérieuses ont acquitté les traites tirées sur elles, et ont vu revenir impayées, remboursables aux banquiers, les traites tirées par elles sur des clients moins scrupuleux.

Or, le fond de roulement, se composant exclusivement comme nous l'avons vu, des effets à payer, des effets à recevoir et de l'encaisse métallique, — si l'on acquitte les traites à payer, si l'on rembourse les traites à recevoir, l'encaisse, quel qu'il soit, est bientôt absorbé.

Et si, à la suite de cette crise, on voit survenir la guerre, la suspension des transactions, l'investissement, — le négociant obligé de faire face, quand même, aux frais quotidiens de sa maison, de sa famille et de lui-même, arrive promptement à cette situation, qui est celle du plus grand nombre des commerçants :

UN CAPITAL FIXE PRESQUE INTACT, UNE CAISSE VIDE, UN PORTE-FEUILLE REMPLI DE VALEURS INESCOMPTABLES, ET PEU OU POINT DE CRÉDIT.

Telle est la situation générale à laquelle doit remédier une loi nouvelle.

Car il ne suffit pas de dire : « les affaires reprendront après la guerre ; » les affaires, c'est de l'argent ou du crédit, et si le négociant ne dispose plus d'argent ou de crédit, il a perdu les moyens de participer à la reprise des affaires.

Le préjudice qu'il éprouve est le fait de loi. — Lorsqu'on a décrété le retard des échéances, on a violé le respect des contrats ; on a, d'un mot, supprimé le crédit.

Je n'examine pas si l'*utilité publique* justifiait cette mesure, je dis que la loi doit réparation du mal commis par la loi. Et c'est parce que le commerce tout entier en juge ainsi qu'il a si froidement accueilli la Loi-Dufaure.

IV.

Le but à atteindre est, sinon le rétablissement de l'état *ante-bellum*, au moins le retour à une situation normale qui permette la reprise des affaires.

Pour arriver à ce but, le problème à résoudre est celui-ci :

1° *Mobiliser immédiatement les valeurs inescomptables, pour remplir les caisses vides et régénérer le crédit.*

2° Laisser à tout négociant, souscripteur de billets ou débiteur de traites, un délai suffisant pour s'acquitter, délai correspondant à la reconstitution de son encaisse, à la régénération de son crédit, à la reprise des affaires.

Tel est le problème complexe que nous essayons de résoudre par la création de la CAISSE NATIONALE DE LIQUIDATION.

V.

Le commerce des valeurs, c'est-à-dire *la banque,* n'accepte à l'es-compte que les valeurs commerciales dont l'échéance ne dépasse pas 90 jours.

Pourquoi ?

C'est parce qu'on suppose que la garantie de ces valeurs, qui n'est représentée que par le crédit *du tireur* et *du tiré,* pourrait être com-promise dans l'intervalle d'un plus long délai.

Mais si une *sécurité absolue* pouvait être donnée à l'escompteur, avec une rémunération suffisante pour le loyer de son argent, rien n'empêcherait que l'escompte ne s'exerçât à plus long terme, à six mois, à un an de date, et plus même, car dans ce cas l'escompte pourrait devenir un véritable placement de fonds à courte échéance, profitant en partie de la sûreté des placements immobiliers et de l'avantage d'une réalisation facile, qu'offrent les valeurs mobilières.

Ce raisonnement hypothétique résume toute l'économie de notre projet de loi.

VI.

Donner aux valeurs de commerce une sécurité plus grande qu'elles n'en présentent ordinairement, — pour leur assurer un escompte à plus long terme que celui qu'on leur accorde généralement, — voilà donc le programme à remplir.

Nous le croyons rempli par la création de la *Caisse nationale de liquidation* sur laquelle nous pouvons, maintenant, nous expliquer complétement.

VII.

La *Caisse nationale de liquidation* est une banque dirigée par un gouverneur nommé par l'État. Le compte-rendu de ses opérations est chaque mois publié dans tous les journaux.

La durée de son existence est strictement limitée à la réparation des troubles de la guerre, — C'est une caisse de liquidation ; son nom indique ses attributions. — Ce n'est une concurrence pour aucun établissement financier.

Comme les services qu'on demande à la *Caisse nationale de liquidation* sont d'une nature exceptionnelle, — elle recevra, de l'État, des priviléges spéciaux, — et son action sera subordonnée à des règles particulières.

VIII.

Tout négociant pourra s'adresser à la *Caisse nationale de liquidation* pour lui demander l'escompte de son portefeuille, c'est-à-dire l'échange immédiat des valeurs immobilisées qu'il renferme, contre des valeurs immédiatement utilisables.

La *Caisse nationale* renverra la proposition du demandeur, à l'une des *commissions des valeu* dont l'avis préalable, motivé, sera nécessaire à l'ouverture de tout crédit.

Ces *commissions des valeurs*, dont le nom apparaît ici pour la première fois, sont établies dans tous les départements, dans toutes les villes, dans tous les arrondissements, sur la demande. soit de la *Caisse nationale*, soit des localités mêmes, mais toujours avec le concours des chambres de commerce et des chambres syndicales. — Elles sont composées de cinq ou sept membres élus par tous les patentés qui, pendant un délai déterminé, auront déclaré vouloir utiliser le concours de la *Caisse nationale de liquidation*.

Les *commissions des valeurs*, ainsi formées, auront pour mission de renseigner la *Caisse nationale* sur toutes les matières de son ressort.

Les rapports qu'elles adresseront d'urgence à cet effet seront établis, non-seulement sur le crédit *du tireur* et *des tirés*, antérieurement à la guerre,

MAIS SURTOUT SUR LA MORALITÉ COMMERCIALE ET L'HONORABILITÉ PERSONNELLE DES INTÉRESSÉS.

Ces rapports, lorsqu'ils seront favorables, seront immédiatement suivis de l'ouverture d'un compte à la *Caisse nationale de liquidation*.

IX.

L'escompte des valeurs présentées — et reconnues acceptables, comme il vient d'être expliqué, — sera fait aux conditions suivantes :

1º Le négociant escompté recevra la valeur des quatre cinquièmes, seulement de son bordereau. Le surplus ne lui sera remis qu'après encaissement intégral des valeurs escomptées.

2º Les traites ou billets de ce bordereau, devront être divisés en coupures du *douzième de leur valeur, payables de mois en mois,* à commencer après quatre-vingt-dix jours francs de la promulgation de la loi instituant la *Caisse nationale de liquidation.*

3º L'escompté paiera un intérêt de 6 º/₀ l'an des valeurs avancées par la *Caisse nationale.*

4º Si l'escompté reçoit des valeurs monnayées ou fiduciaires, ayant cours légal, il tiendra compte à la *Caisse nationale* du change, selon le cours, rendu public par les journaux.

Autant que les circonstances le permettront, la *Caisse nationale de liquidation* remettra à ses clients une part importante de ses versements en espèces, afin de faciliter le mouvement des caisses particulières ; — mais, dans tous les cas, la *Caisse nationale* aura la faculté de se libérer envers ses clients par la remise de Bons de caisse, qu'elle sera autorisée à émettre.

Ici deux mots d'explication sont nécessaires.

X.

L'État s'est dépouillé en faveur de la *Banque de France* du droit d'émettre des billets de banque au porteur.

Si la Banque de France, qui est un établissement privé, se charge de gérer la *Caisse nationale de liquidation,* comme service annexe à ses bureaux, il n'y aura aucune difficulté dans l'émission des Bons de caisse, ainsi qu'il sera dit plus loin.

Mais si la Banque de France, pour des raisons dont elle ne devrait compte à personne, restait étrangère à la *Caisse nationale de liquidation,* on y suppléerait comme suit :

1º La *Caisse nationale* aurait le droit d'émettre des obligations au porteur sous forme de Bons de caisse de 100 fr., 50 fr. et 25 fr.

2º Cette émission serait limitée à la valeur des quatre cinquièmes du portefeuille de la *Caisse nationale.*

3º Les Bons de caisse seraient remboursables en espèces, chaque mois, par douzièmes et par séries, suivant un tirage au sort public.

4º Les Bons de caisse remboursés seraient bonifiés d'une prime de 3 º/o de leur valeur.

5º Les Bons de caisse remboursés seraient anéantis et brûlés publiquement.

6º Les Bons de caisse seraient acceptés par l'Etat en déduction de tout paiement jusqu'à concurrence d'un quart du versement total.

XI.

Ces Bons de caisse, on le voit maintenant, remplacent, dans notre système, la valeur commerciale. — Ils restent en circulation pendant que l'obligation commerciale reste en portefeuille, — ils agissent, ils s'échangent, ils représentent tour à tour des matières brutes, des produits fabriqués ou de la main d'œuvre, — *ils travaillent*, en un mot, et sont les agents actifs de la production.

Ils conservent ce rôle autant que la valeur commerciale, dont ils sont la représentation, conserve son immobilité.

Mais dès que l'échéance de celle-ci est venue, dès que le billet à ordre ou la traite sortent du portefeuille de la *Caisse nationale de liquidation* pour être acquittés, — c'est-à-dire échangés contre des espèces et détruits, — le Bon de caisse correspondant est retiré de la circulation et brûlé.

On voit que rien n'est plus simple que ce système.

XII

Deux objections peuvent être faites et je veux très-franchement les reproduire ici. — On dira :

« 1º Les Bons de caisse, pour inspirer toute confiance, doivent re-
« présenter des valeurs de tout repos, ce qui n'est pas le cas des va-
» leurs commerciales actuellement immobilisées.

« 2º Le commerce n'accepte pas facilement une valeur nouvelle et
« vos Bons de caisse ne circuleront jamais avec la même facilité que
« les billets de banque. »

Je répondrai isolément à chacune de ces objections, et cela complétera l'exposition de mon sujet.

XIII

La première objection, si elle était fondée, réduirait à néant notre système, car on n'aurait rien résolu si on remplaçait dans la circulation une valeur discutée — par une valeur discutable.

Mais nous voulons, au contraire, entourer nos BONS DE CAISSE de garanties au moins égales à celles des meilleurs billets de banque.

Enumérons ces garanties :

1° *La Caisse nationale de liquidation* ne peut accepter à l'escompte aucune valeur qui n'ait été préalablement examinée par des *commissions des valeurs*.

Ces commissions, on le verra ci-dessous, sont dans une certaine mesure, garantes responsables des valeurs.

2° *La Caisse nationale de liquidation* ne peut jamais avancer plus des quatre-cinquièmes des bordereaux qui lui sont remis.

Elle garde donc, de ce fait, vingt pour cent en garantie du paiement de ces valeurs, préalablement examinées avec soin.

3° En supposant une valeur non acquittée à échéance, *la Caisse nationale de liquidation* a droit de recours immédiat contre le tireur, — sans compensation de balance de compte, — de façon que, outre la retenue provisoire de vingt pour cent, — la fortune entière du tireur et du tiré répondent de leur papier.

4° Enfin, par surabondance de sécurité, la *Caisse nationale de liquidation* reçoit de tous ses clients une garantie collective qui va être expliquée ici.

XIV

Il faut prévoir même l'impossible lorsqu'on veut donner à une valeur une sécurité absolue.

Quelle que soit donc la compétence, la sagacité, l'expérience et le bon vouloir des *commissions des valeurs* chargées d'examiner le papier présenté à l'escompte ;

Quelle que soit la garantie qu'assure la retenue d'un cinquième de la valeur de tous les bordereaux ;

Quelle que soit la responsabilité du *tireur* et du *tiré* de tout papier escompté, responsabilité engagée jusqu'à complet achèvement de chaque opération ;

On doit encore, par surcroit de prudence et pour donner aux Bons de caisse une valeur absolue, échangeable sans escompte, prévoir le cas où, — la mission de la *Caisse nationale de liquidation* étant accomplie, — il resterait encore dans son portefeuille un reliquat quelconque de valeurs commerciales dont le recouvrement serait reconnu impossible et dont l'importance n'aurait pas été entièrement couverte par toutes les garanties que nous avons accumulées jusqu'ici.

L'existence de ce reliquat est invraisemblable d'après le mode de fonctionnement, que nous avons indiqué et, quoiqu'il arrive, son total ne pourrait être qu'extrêmement minime, eu égard à la masse des valeurs que la *Caisse nationale* aura fait circuler.

Mais ce déficit improbable doit être couvert à l'avance.

A cet effet les statuts de la *Caisse nationale de liquidation* stipuleraient, et la loi qui la constituerait mentionnerait :

« Que s'il existe à la cloture des opérations de la *Caisse* un reliquat
» de valeurs reconnu irrecouvrables, — les Administrateurs, après
» avis préalable de toutes les *commissions de valeurs*, à la majorité
» des voix exprimées, — établiraient la répartition de ce déficit entre
» tous les clients de la *Caisse nationale de liquidation*, qui y auraient
» consenti *ipso facto* par leur adhésion à ses statuts, au prorata des
» opérations faites par chacun d'eux.

» L'état de répartition, dûment arrêté, serait remis par le Gouver-
» neur de la *Caisse nationale* à M. le Ministre des finances, lequel
» serait chargé par la loi de création, d'opérer le recouvrement de
» la part afférente à chacun avec l'intérêt commercial *en cinq années,*
» — en ajoutant le tantième nécessaire à cet effet, aux patentes de
» chacun des intéressés. »

Quelque puissent être les prévisions les plus pessimistes, la perte résultant de cette répartition pour chacun des clients de la *Caisse nationale* sera toujours de beaucoup inférieure aux frais d'escompte que chacun d'eux devrait faire pour mettre en valeur son portefeuille,

Alors même que l'escompte de ces valeurs ne serait pas reconnu impossible en dehors de la *Caisse nationale de liquidation*.

XV

Nous croyons avoir répondu victorieusement à la première des objections qui nous seront faites.

En effet, aucune valeur, soit mobilière, soit même immobilière, ne peut offrir une sécurité plus grande que celle qui résulte, — en dernière analyse, — de la garantie collective du commerce national.

Arrivons à la seconde objection.

XVI

« Le commerce, dira-t-on, n'accepte pas facilement une valeur « nouvelle, et les BONS DE CAISSE ne circuleront jamais avec la même « facilité que les billets de banque. »

Examinons.

Nous avons vu que les BONS DE CAISSE offrent autant — si non plus — de sécurité que les meilleurs billets de banque.

Nous avons vu que les BONS DE CAISSE sont productifs d'intérêt, avantage qu'aucun billet de banque ne peut offrir.

Ce n'est donc que la nouveauté de cette valeur qui pourrait la faire repousser par la routine.

Voyons si c'est là un obstacle sérieux.

La traite est, par excellence, la forme de paiement inventée par le commerce, employée par le commerce. Or, qu'est-ce que le BON DE CAISSE, sinon la représentation de la traite, ou plutôt la traite elle-même perfectionnée, consolidée et rendue plus facilement échangeable ?

Un grand nombre de maisons de commerce, particulièrement en province, ont l'habitude de solder leurs fournisseurs en leur remettant des traites, tirées par elles, sur leurs propres clients.

On évite ainsi, par une convention facile à établir, les frais d'une double négociation. — Qu'est-ce qui empêchera ces commerçants de stipuler, de la même façon, leurs paiement en BONS DE CAISSE ?

Ce serait pour tous les acheteurs une très-grande facilité et, — si quelques maisons se refusaient à ce mode de transactions, — la concurrence aurait bientôt raison de leur mauvais vouloir.

D'ailleurs le commerce est une collectivité dont chaque individu.

est à la fois acheteur et vendeur, c'est-à-dire débiteur et créancier. — Chaque commerçant comme débiteur ou créancier peut être client de la *Caisse nationale de liquidation*, c'est-à-dire garant responsable à deux titres différents des BONS DE CAISSE qu'elle émet. — Comment pourrait-on, dès lors, les refuser en paiement ?

N'y a-t-il pas enfin un genre de commerce qui devra rechercher ces BONS DE CAISSE, — je veux parler du commerce financier. — Comment les obligations de la *Caisse nationale*, avec toutes les garanties, qu'elles offrent, avec tous les avantages qu'elles présentent, ne trouverait-elles pas, sur tous les grands marchés financiers du monde, un placement facile.

Pourquoi l'épargne du pays n'adopterait-elle pas, — comme placement momentané, — cette forme de valeur qui, — avec un rapport fixe de *six pour cent* par an, avec une sécurité obsolue — aurait l'avantage d'une réalisation toujours facile ?

Une circulaire adressée par le ministre aux notaires, — une recommandation aux syndicat des agents de change, aux receveurs généraux — et tels autres moyens que l'étude indiquerait, — feraient en peu de jours entrer les BONS DE CAISSE dans le domaine des valeurs recherchées, alors même que le commerce seul ne suffirait pas à leur emploi.

XVII

Admettons cependant que les billets de banque offrent des avantages sur les BONS DE CAISSE, en raison de l'habitude universellement établie de cette monnaie fiduciaire.

Il ne dépend ni du commerce, ni du gouvernement même, d'employer cette forme de valeur, puisque le droit d'émission a été exclusivement concédé à la Banque de France.

Mais une entente avec la Banque de France serait possible.

Les éléments de cet accord sont nombreux.

On évalue à plus de *deux millards* la somme de valeurs commerciales actuellement immobilisées en France.

Si la *Caisse nationale de liquidation* s'établit en dehors de la Banque de France, ces deux milliards de valeurs qui, sans elle, auraient figuré pour la plus grande partie, au portefeuille de la Banque, avec elle, ne donneront rien à la Banque de France.

Il y a là, pour la Banque de France un intérêt considérable.

D'autre part, si la *Caisse nationale de liquidation* — au lieu de re-mettre à ses clients des BONS DE CAISSE, qui doivent nécessairement être productifs d'intérêt, pouvait les solder en billets de banque, — la *Caisse nationale* pourrait conserver, pour elle même, l'intérêt des valeurs avancées au commerce, et cela comme rémunération légitime du service rendu.

En prenant pour base d'estimation le chiffre vraisemblable de deux millards de valeurs immobilisées, ce serait un premier bénéfice de QUATRE-VINGT-DIX MILLIONS DE FRANCS, à partager, dans une mesure à déterminer entre la Banque de France et l'Etat.

Pour cela la Banque de France devrait diriger, comme établisse-ment annexe, *la Caisse nationale de liquidation*,

Et l'Etat autoriserait la *Banque de France* à émettre, au lieu et place des BONS DE CAISSE, dont nous avons parlé jusqu'ici, une quan-tité égale de billets de banque, amortissables de la même façon.

Une telle solution serait désirable. — Elle rendrait le rôle de la *Caisse nationale de liquidation* plus facile, ses effets plus immédiats, et enlèverait les derniers doutes aux esprits les plus défiants, sur l'efficacité réelle du système que nous proposons.

XVIII

RÉSUMÉ.

Avant de donner sa conclusion à cet écrit déjà trop long, il n'est pas inutile de résumer en quelques lignes ce qui a été exposé jus-qu'ici :

1º Nécessité d'appliquer une solution pratique à la *question des échéances*, qui ne pourrait que s'aggraver par des attermoiements nouveaux.

2º Nécessité d'accorder aux commerçants, débiteurs de traites ou autres valeurs commerciales, un délai de quinze mois, — dont les trois premiers dispensés de tout paiement des valeurs arriérées, — pendant lesquels les commerçants pourront s'occuper exclusivement de la réorganisation de leurs affaires, — et douze autres mois chargés de paiements du douzième de leur débit.

3º Nécessité de reconstituer à bref délai, dans les caisses des parti-culiers les fonds de roulement qui ont été absorbés par les faits de la guerre — et sans lesquels une reprise des affaires est impossible.

Telles sont les difficultés à résoudre.

4° Examen consciencieux des obligations commerciales immobilisées — pour distinguer ce qui peut être sauvé, de ce qui est définitivement perdu, — ce qui est seulement immobilisé, de ce qui est définitivement détruit.

5° Consolidation des valeurs immobilisées par de nouvelles garanties morales et pécuniaires à l'effet de reconstituer le crédit de ces valeurs.

6° Remplacement provisoire et momentané du papier commercial, ainsi épuré et garanti par une valeur nouvelle impersonnelle, solidaire, active, représentant, dans les caisses privées, le papier momentanément immobilisé.

7° Amortissement progressif de cette valeur active à mesure de la revivification du papier commercial et du crédit.

Tels sont les moyens proposés.

XIX

CONCLUSION.

Le système que nous proposons n'a pas la prétention de réparer tous les maux de la guerre.

Il ne pourrait faire revivre ce qui a cessé d'être.

Mais il peut sauver tout ce qui est compromis, — rendre le mouvement à ce qui est immobilisé, — redonner l'activité de la vie à ce qui a l'inertie de la mort.

Partout où la misère, née du chômage de la guerre, — s'accroît encore de la suspension des travaux occasionnés par la guerre, — il peut ramener à bref délai le travail, le salaire, le commerce et le gain.

La production, à l'aide du capital nouveau qui remplirait tous ses canaux, reprendrait une vitalité d'autant plus grande, que la consommation n'a jamais cessé, — même au milieu des angoisses de la guerre, — même au milieu de l'engourdissement et de la stupeur du siége.

Les besoins sont partout, les commandes s'offrent de toutes parts, non-seulement le commerce est appelé à fournir à la consommation habituelle, mais il devra remplacer, dans les magasins, tout ce qui a été consommé pendant que la production était suspendue.

Un fait analogue se reproduit après toutes les grandes commotions politiques. Les négociants se souviennent encore de l'activité commerciale qui a suivi les événements de 1848 — et beaucoup d'entre eux ont fait honneur à l'Empire de cette prospérité qui n'était que la manifestation de lois économiques invariables.

L'année qui s'ouvre devant nous, — succédant à la guerre, à l'invasion, à la guerre civile — peut et doit être une période fertile pour le commerce, mais à la condition de reconstituer le capital disparu.

On a rendu aux ouvriers de Paris leurs outils, engagés par la misère, — on a redonné aux cultivateurs les semences, détruites par l'invasion, — il faut, maintenant, rendre au commerce le capital et le crédit.

Il le faut, c'est une nécessité, car le capital et le crédit, pour le commerce, — c'est la semence et c'est l'outil.

Saint-Germain, 13 mars 1871,

Émile MONGRUEL.

MISE EN PRATIQUE

Nous avons admis deux hypothèses : Ou *la Caisse nationale de liquidation* sera une institution particulière, vivant de sa vie propre, indépendante de tout établissement financier ; — ou *la Caisse nationale de liquidation* sera annexée à la Banque de France comme division particulière, chargée d'un service spécial.

Dans le premier cas, toutes les indications de cette étude sont applicables à bref délai.

Dans le second cas, la mise en pratique pourrait être plus prompte encore, mais quelques modifications devraient être apportées au plan général que nous avons tracé.

Examinons successivement les deux hypothèses.

LA CAISSE NATIONALE. — INSTITUTION PARTICULIÈRE.

Il faudrait, pour établir la *Caisse nationale de liquidation,* créer tout d'abord une société particulière qui lui donnerait l'existence civile.

Un capital de *vingt millions* serait surabondant pour fonder la *Caisse nationale*, puisqu'on a vu que le capital monétaire est en quelque sorte inutile à son fonctionnement.

Un quart de ce capital, soit *cinq millions*, pourrait être fourni par moitié, par les deux plus grands intéressés, l'Etat et la ville de Paris ;

Le surplus, soit *quinze millions*, serait procuré par tous les banquiers, qui, étant porteurs de valeurs commerciales immobilisées, auraient tout intérêt à en faciliter la circulation.

La Société anonyme étant constituée, son Directeur-gérant, qui prendrait le titre de *Gouverneur de la Caisse nationale de liquidation*, aurait à passer avec M. le Ministre des finances *une convention*, dont les bases générales ont été exposées dans les pages qui précèdent.

Cette convention, indiquant les avantages, droits et garanties, concédés à la *Caisse nationale de liquidation*, serait présentée à l'Assemblée nationale, avec un projet de loi qui en approuverait les dispositions.

La *Caisse nationale*, dès lors constituée, sous les auspices et sous la surveillance de l'Etat, devrait se mettre immédiatement en rapport avec les Chambres de commerce et les Chambres syndicales, ses correspondants naturels dans tous les départements.

LA CAISSE DE LIQUIDATION, ANNEXE DE LA BANQUE.

Une convention entre le gouvernement et la Banque de France, un projet de loi, présenté d'urgence à l'Assemblée nationale, suffiraient pour établir, en quelques jours, la *Caisse nationale de liquidation*.

Le plan constitutif de la *Caisse nationale*, indiqué dans cette étude, devrait subir quelques modifications pour être réalisé avec le concours de la Banque de France.

Mais la Caisse y trouverait l'avantage de remplacer ses Bons de caisse par des billets de banque.

Donnons ici un modèle du projet de loi et de la convention nécessaires à cet objet.

PROJET DE LOI

POUR LA LIQUIDATION DES EFFETS DE COMMERCE.

ARTICLE UNIQUE.

La convention conclue entre le Gouvernement et la Banque de France, le   1871, pour la liquidation des effets de commerce restés en souffrance depuis le commencement des hostilités avec l'Allemagne, jusqu'au 15 avril 1871, est et demeure approuvée.

CONVENTION

ENTRE LE GOUVERNEMENT ET LA BANQUE DE FRANCE.

Entre M. Pouyer-Quertier, ministre des finances, agissant au nom du Gouvernement, d'une part;

Et M. Roulland, gouverneur de la Banque de France, agissant au nom de cet établissement, d'autre part;

Il a été et il reste convenu ce qui suit :

ARTICLE PREMIER.

La Banque de France s'engage à prendre et à échanger contre ses billets, comme il sera dit ci-après, les effets de commerce restés impayés depuis le 15 juillet 1870 jusqu'au 15 avril 1871.

Elle instituera, à cet effet, dans ses bureaux une Caisse spéciale dite *Caisse de liquidation*.

Pour répondre aux besoins de ce service, le Gouvernement autorise la Banque à émettre, au-delà du chiffre indiqué dans ses statuts, des billets en quantité égale à ceux qu'elle fournira aux porteurs des effets de commerce.

ART. 2.

Tout porteur d'effets rentrant dans les conditions ci-dessus, pourra les présenter à la Banque, et, — sauf avis contraire des commissaires institués par la Banque, d'accord avec le Gouvernement (1), tant à

(1) Il serait désirable que ces commissaires fussent choisis pour une |part déterminée parmi les membres des chambres de commerce et des chambres syndicales.

Paris qu'aux siéges de ses succursales pour examiner les valeurs, — il recevra en billets de cet établissement, une somme équivalente aux quatre cinquièmes de celle indiquée dans son bordereau.

ART. 3.

Tout négociant admis à l'escompte, conformément à l'article qui précède, sera tenu de remettre à la Banque, pour chaque valeur escomptée, douze traites dont le total égalera la somme de l'effet primitif.

La première traite sera à trois mois, à dater du 15 juillet prochain; les autres suivront de mois en mois.

Elles porteront intérêt à 6 % au profit de la Banque.

Le jour où la dernière traite sera payée, le titre primitif sera remis au porteur. Il recevra en même temps le cinquième de la valeur retenue au moment de l'escompte.

En attendant, il ne sera rien changé aux obligations des sous-cripteurs ou endosseurs des effets en souffrance, sauf la compen-sation à établir pour les versements déjà opérés.

ART. 4.

Les billets émis par la Banque de France, à raison de ce service spécial, seront détruits à mesure de l'encaissement des valeurs escomptées. — Ces billets seront brûlés par parties, chaque mois, à commencer du quatrième, en présence de la Commission législative instituée par l'article 6.

ART. 5.

Il est sera fait une part égale des profits résultant de cette opération; l'une pour la Banque et l'autre pour l'État.

ART. 6 ET DERNIER.

Une commission de trois membres pris dans le sein de l'Assemblée nationale, et nommée en séance publique, sera chargée de surveiller la *Caisse de liquidation*.

Elle adressera, tous les trois mois, un rapport à l'Assemblée nationale.